煩惱的根本
就是我

覺醒是生命的開始

慧光法師

一般人學習佛法，以為只要依靠信仰或是培養自己的福德就能夠解脫。其實佛說，我們真正的問題並非來自外在的境界*，而是我們自己的心。

煩惱不是別人給我們的，是自己成立的。因為對世界的錯誤認知，才導致煩惱的生起，因為煩惱生起，才促成業的造作，導致輪迴的苦。我們要斷除煩惱，解決生命中的苦，一定要開智慧，透過智慧將根源解除。當我們正確地認識自己和環境的時候，自然而然就能消除心中的煩惱。

一般人學佛，如果沒有接觸到這樣的學習，也沒有在這上面用功，可以說都還在門外轉，尚未走入佛法的核心，因此根本的煩惱以及苦的問題，無法獲得真正的解脫。這就是為什麼我們要學習《心經》，《心經》能開啟我們對生命正確的領悟，是令我們快樂的方法，也是學習佛法最核心的目的。

＊　境界：心或感官的對境。

佛開示的佛法很多，但是講經說法不同於上課，而是對人的生命或生活中所面對的困難、煩惱和苦，進行引導和開示。由於開示的對象不一，所以每次講的內容也有差異。佛開導的層次非常深廣豐富，有些屬於因果觀念，比如說在家庭或團體裡能夠和諧相處，是因為有慈悲心，倘若我們都只關注自我，一定會常與人結惡緣，慢慢人際關係就會愈來愈疏遠。你不去關心別人，心中就會容不下他人，如此一來，就無法得到生活的和諧與快樂。

佛法講到最核心，就是般若。世尊開演般若的甚深教法，乃是為開啟我們對世間一切現象的了解，並如實地體會萬物存在的實相，也就是緣起性空的真理。

當你內心強烈地執著有「我」，或認為境界中有一個可被你執著的真實對象，煩惱就會一直存在。由於不知實相是什麼，我們便顛倒地認為一切現象都是真實的，因此生起苦惱，輪迴不息。了悟緣起性空，並非意味放棄一切，而是正確地看待世間，不因錯誤的認知導致苦惱。

所以佛教導我們回到認知的原點，去看清楚，深入地觀照，了解境界都是因緣所生。只要是因緣所生，它就是無常的；只要是無常的，它就沒有實體。當你真正地懂了，那不是一種概念或思想上的理解，而是內心如實地接受、明白這個道理，煩惱才能斷除。

如今科學也可以用來佐證佛教所講的緣起無自性的真理。因為物理現象研究到最後，已經沒有物理的特質了，比如量子力學說物理現象只是一種能量，而這種能量呈現的方式是一種波動。物理現象不僅佔有空間、也具有重量，然而到量子層次的時候，它便失去重量的特質，也不佔空間，只是一種能量。你說它有實體嗎？它沒有實體，但確實存在，不能說什麼都沒有。

以佛法來說，這樣的層次已近乎「空」。世間一切萬物皆是能量的組合，這些現象又分為地水火風空識，組成「我」的身心狀態。其中沒有一個實體叫做「我」，也沒有永恆不變的靈魂。然而在我們內心深處，卻一直執著有「我」，當面對境界時，便用這個「我」去回應，這就是最初顛倒的認知，從此生起各式各樣的煩惱。

其實我們的心是最好的收發器，具有微妙不思議的能力，可以收到宇宙間很微細的能量波動。如同手機，使用者距離遙遠也能通話，這是因為它能收發空間裡的波動。我們的心也有這樣的功能，能察覺各種能量或現象界的變化，只是平常我們太依賴感官了，習慣用眼睛看、耳朵聽，心開發出來的功能反而少之又少。

有些修行人說自己有神通，能預知未來。其實我們每個人都有這種能力，例如走進一個空間或去到一個地方，突然感覺似曾來過。我們的心本具感知能量變化的能力，非僅能感知現前的事物，亦可了知過去或未來。

即使是很微細的存在，佛透過禪定的觀照，也可以感知到它的變化，這就是心能了知一切法的根本功德。心，我們每個當下都在用它，但心到底是怎麼一回事？我們全部的思惟、感受，各式各樣的心靈活動，都從心出發。心是什麼呢？我說我很快樂，快樂是怎麼生起？我很痛苦，痛苦又是怎麼生起？心到底是怎樣起變化的？這都是佛教要去探索的實相。

佛開示《摩訶般若波羅蜜多經》講了二十二年，《心經》可以說是其中的精華，只用二百六十個字，就將佛法最核心的智慧圓滿地表達出來。若再深究，《心經》的要義則是「無所得」。透過理解和觀察，明了空性的道理，才能達到無所得的境界。成就無所得的智慧，才有辦法「遠離顛倒夢想究竟涅槃」，也就是斷除種種錯誤的認識，並超越一切恐怖和苦厄，達到究竟解脫。

佛法深廣，大眾很難理解。一般人在生活遭遇的問題，就佛法來看是很枝末的事，比如跟某某人吵架、相處不愉快等等。學佛要探究的是根源，否則同樣的煩惱將會持續擾亂你。為何會跟人吵架？一定有個觸動的點，讓你和別人產生抵觸。這個念頭是怎麼生起的？源自於哪裡？探索到根本，你會發現就是因為有

「我」，才生起「他侵犯我」的念頭。

然而一般人關注的都不是根本的問題，探討這些佛法，會覺得離自己正在面對的困境太遙遠了，好像沒什麼關係。但其實我執才是根本，根本解決了，枝末的問題隨之解除。就好像一棵樹，沒有了根，枝芽通通會枯死。只是一味地處理枝末，這邊砍斷，那邊又生出，因為沒有根本解決，所以陷入無盡的輪迴。

學習《心經》即是要去除根本的問題，開啟清淨的智慧。如何讓眾生發心學習，這是最殊勝也是最難的，因此有這系列談《心經》的書。希望用親近的文字，引領大家走入佛法的本質，從而幫助自己的生命。

智慧的圓滿不是一生成就的事，《心經》的探索也沒有終點。佛用了二十二年講解生命的智慧，都含藏在《心經》簡短的經文中。《光師父說心經》系列將藉由現代眼光帶你敞開佛法的堂奧，期盼每一冊都能為你的生命帶來光明與法喜，從無明煩惱的此岸，趣向自在解脫的彼岸。

請你靜下來
將掌心輕放於書頁上
感受心敞開的空間

心清淨，
意指心與實相相應，
遠離顛倒妄想。

《心經》的經文分成二個部分：第一個部分「顯示般若」，是透過法義的宣說，讓眾生生起慧解，如此才能破除煩惱；第二個部分「秘密般若」，則是教授秘密咒語，令眾生一心受持，因而生起清淨[1]無漏[2]的福德，破除自身的業障。由此二分，眾生才能破除煩惱及業障，以福慧二種清淨資糧莊嚴法身，成就佛所具足之三德。

第一分「顯示般若」，又再分成三分：明能觀智、辨所觀境、顯所得果。

1 清淨：即「空」之異名。心清淨，意指心與實相相應，遠離顛倒妄想。

a. 《大智度論》卷63：「『畢竟空』即是『畢竟清淨』；以人畏空，故言清淨。」（CBETA, T25, no. 1509, p. 508, c6-7）

b. 《宗鏡錄》卷94：「空即清淨義。」（CBETA, T48, no. 2016, p. 924, b3）

c. 《金剛經纂要刊定記》卷5：「清淨即是空義。」（CBETA, T33,no. 1702, p. 216, c3）

2 無漏：漏，為漏泄之義，即指煩惱。有煩惱而輪迴生死，稱為有漏；無煩惱而能出離生死，稱為無漏。

「明能觀智」是在說明能如實觀察的智慧，也就是一切眾生本具的清淨覺性。

「觀自在菩薩行深般若波羅蜜多時，照見五蘊皆空，度一切苦厄。」從此段經文，我們可以了知，觀自在菩薩是《心經》的說法主，即本經的教授，也是實踐般若的行者。因此，當他行至甚深般若智慧時，以清淨心如實觀照世間，了悟身心所有皆虛妄不實，無有自性，故能超越生命中的一切苦惱及困厄。

「辨所觀境」則是在辨明智慧所觀察的境界，一切萬法雖顯現有外相，卻又如幻化般的存在，無有真實體性。從「舍利子！色不異空，空不異色……無智亦無得」的這段經文，皆是在開示「相有體無」的真理實相。我們的智慧觀察到什麼？這個能觀的心，觀察到什麼？心所觀察的，到底是怎樣的一個境界？要開智慧，在哪裡開呢？

如在第二冊中曾討論過，世間最了解無常的人，應該是在醫院裡工作的人。孕婦挺著肚子進來，一瞬間孩子呱呱落地，新的生命開始了；也有出意外被送進來的人，轉眼間斷氣，人就往生了。這些醫護人員天天看著生死無常，是不是應該有所覺悟？未必有。這是由於對所觀的境界了知錯誤，例如對無常的事物，並不如實了知其如幻化；另外於用功的下手處也不對，例如只知他人生命無常，卻不警覺自身亦無常，所以智慧不得開、煩惱斷不了。

「顯所得果」是顯示由般若智慧觀察所得到的領悟，進而成就究竟解脫。因此，這裡所謂成就的果，即是指「以無所得故……遠離顛倒夢想，究竟涅槃。」的經文中所開示的功德果報。

上述三分是「顯示般若」完整的內容，也是《心經》的第一個部分。經文最後的「即說咒曰：揭諦　揭諦　波羅揭諦……菩提薩婆訶」則是第二個部分「秘密般若」。

進入《心經》的本文之前，先講一段玄奘大師與《心經》之間的因緣。

傳說玄奘大師當年要去印度取經時，可以說是依靠《心經》的威德力遣除了一切違緣。因為當時唐朝正與匈奴戰爭，局勢有些緊張，因此朝廷沒有同意法師出國參學的申請。在第五冊有提到，玄奘大師只好偷偷前往，成為我們現在說的偷渡客。

他出發之後，到了西域，高昌的國王一開始非常禮遇他，希望他能夠留下來教化自己的子民，協助治理國家。由於玄奘大師斷然拒絕，國王便將其軟禁，不讓他離開。然而玄奘大師的意志異常地堅定，決意要往西方去取經。因此，他以絕食表明心意，國王最後只好答應讓他離去，甚至跟他結拜為兄弟，並派遣隨扈人員保護他。

玄奘大師最初出發時只是一人，之後增加許多人跟隨著他前往取經。但因路途遙遠艱辛，又不時遇到災難，導致人馬傷亡，最後又只剩下他一人。

有次他途經一所寺院，見到一位老和尚病得很嚴重，玄奘大師生起極大的悲心，停止趕路，一直待在寺裡照顧老人家。老和尚痊癒後，臨別時送給玄奘大師一本梵文的《心經》，並特意叮囑他虔誠持誦。

傳說當玄奘大師行經恆河時，曾被一群盜匪劫持，險遭殺身之禍。這群盜賊除了搶取財物之外，因虔誠信奉印度突伽天神，每年秋季都需找一名容貌端莊的人，殺取肉血祭祀，因此賊人還想以玄奘大師為人祭。但因《心經》的護持，神奇地令玄奘免於這場災難。

如《大般若經》中云：「有置此經在身或手，諸天、人等皆應禮敬……四大天王及餘天眾，常隨擁衛未曾暫捨，終不橫死枉遭衰患。」[3]由此可知，受持《心經》能夠帶給我們不可思議的加持力。玄奘大師至西域求法途中遇到困厄時，皆因持誦《心經》獲得了加持，故能平安順利取經返回中國。

據說在回程中，他為了報答老和尚贈與《心經》的恩惠，想回到當初的那座寺院，才發覺不僅老和尚、連寺廟也都不見了。有後人說，老和尚是觀世音菩薩的化現，助他前往印度取經。因此，玄奘大師所翻譯的

《心經》，雖較藏譯或其他漢譯本短，卻是受過觀音菩薩的特別加持。

3 《大般若波羅蜜多經》卷578：「若地方所流行此經，一切天、人、阿素洛等皆應供養如佛制多。有置此經在身或手，諸天、人等皆應禮敬。若有情類受持此經多俱胝劫，得宿住智，常勤精進修諸善法，惡魔外道不能稽留；四大天王及餘天眾，常隨擁衛未曾暫捨，終不橫死枉遭衰患；諸佛菩薩常共護持，令一切時善增惡滅；於諸佛土隨願往生，乃至菩提不墮惡趣。諸有情類受持此經，定獲無邊勝利功德，我今略說如是少分。」（CBETA, T07, no. 220, p. 991, a26-b6）

五蘊皆空，並非沒有五蘊，
而是以空性的方式存在。

漢傳佛教在做功課及各種法會時，大都會持誦《心經》，因為它是諸佛心要，具有殊勝的加持力。

我們學習佛法，即是要了解佛心。佛的心或佛的智慧到底有什麼相狀，具有什麼功德？若我們學不到，也不了解，可以說自己所學習佛法尚未觸及核心，猶在生死中流浪。所以《心經》是一部開啟智慧非常重要的寶典。

接下來要深入解說《心經》的內文了。

「顯示般若」中的第一個部分是「明能觀智」，指能如實觀察的智慧。

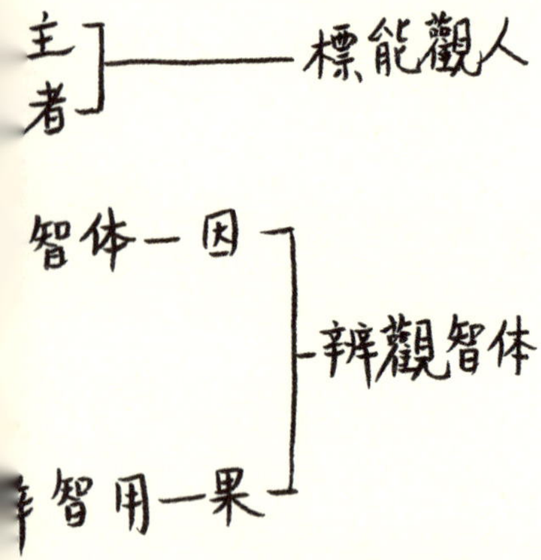

觀自在菩薩 ——

行深般若波羅蜜多時 ——

照見五蘊皆空 —— 觀行境

度一切苦厄 —— 自利
利他 —— 明利益

「觀自在菩薩行深般若波羅蜜多時，照見五蘊皆空，度一切苦厄。」

經文一開始先述說《心經》的說法主——觀自在菩薩——如何奉行般若法教。在整個修持過程中，觀自在菩薩是能以智慧如實觀照的行者。

觀自在菩薩是如何修持的呢？他以「行深般若波羅蜜多」作為修行的方法。當菩薩修行到達甚深般若波羅蜜多的時候，便開啟了清淨的智慧。而這裡所說的智慧，即是般若波羅蜜多，它是甚深、微妙的清淨心，也是能令菩薩成就自在解脫的因。

由於觀自在菩薩長時熏修此清淨智慧，方能「照見五蘊[4]皆空」，亦即如實照見身心五蘊都是空性，沒有真實體。所謂的「五蘊皆空」，並非沒有五蘊，也就是說眼前一切的境界不是沒有，而是以空性的方式存在。由此可知，空不是沒有，也不是虛無。

4 五蘊：是指色、受、想、行、識等五種構成有情眾生身心的元素。「蘊」，則是積聚的意思。一切有情皆由色、受、想、行、識等五法「積聚」而成。色蘊，是指物質的生理現象；受、想、行、識等四蘊，則是精神的心理活動，也就是物質與精神現象的和合。

世間一切的存在，沒有恆常不變的本體，所以菩薩照見五蘊都是空性的，這便是智慧所洞悉的實相。

由於能照見五蘊皆空，菩薩才堪能「度一切苦厄」。度誰的苦厄？度自己的苦厄，並能度一切眾生的苦厄，這是菩薩自利利他的成就，亦即修行般若波羅蜜多的利益。

透過智慧的觀照，覺悟五蘊皆空，乃至具足度一切苦厄的功德，這些都是在說明智慧的功用。菩薩以修學智慧為因緣，才能度脫一切苦惱及生死困厄，成就修行智慧的殊勝果報。

這整段經文，都是在辨明觀照智慧的特質與作用。

此處再仔細地重述一次。觀自在菩薩是說法主，是這一部經的教授。我們經常在佛經裡看到，說法的人不一定是佛，有時候可能是菩薩，或聖弟子，乃至天人都會說法。只要得佛印可，符合佛心、佛的體證或真理實相，都可以說是佛法。

佛法是生命的真理，並非是佛教或者佛的專利。佛曾經說過：若佛出世或未出世，法都是常住的[5]，真理實相一直都是這樣子。惟以佛證悟了圓滿的智慧，故能善巧地能將法義做完整闡述，令凡夫容易有所領悟，並進而依此修行。是故，此經的說法主，不是佛，而是觀自在菩薩。

此外，在這裡我們還應提出一個疑問，為什麼是由觀自在菩薩來教授這一部經？假設《心經》是一門學科，如學校裡的數學、國文、生物等等科目，這一門與智慧相關的《心經》，怎麼會是由代表慈悲的觀世音菩薩來宣講這個法門呢？

雖然觀世音菩薩亦具足大智慧，但是一般不以智慧來認識他，觀世音菩薩是佛教四大菩薩中慈悲的代表。倘若我們要請一位老師來講說《心經》，理應先想到文殊菩薩，因為文殊菩薩是諸佛之師[6]，他的學生皆已成佛，是故最有資格教授這一部經。再者，本經宣說的對象是舍利弗，其智慧在聲聞眾中最為第一，由於這部經重點講述如何圓滿佛的智慧，所以以舍利弗為當機眾[7]。回到前述問題，為什麼不請文殊菩薩，而由觀世音菩薩來教授？

我們要知道，一個人的智慧圓滿，需仰仗慈悲的加持。諸佛以慈悲為根本，從初發心即由慈悲觸動，乃至破除最後一分無明的智慧，亦是以慈悲而圓滿。

智慧就是了解什麼是生命的實相。若單從個人的角度來了解生命，所知的世界其實是很狹隘，但若願以慈悲心，從眾生的角度去了解生命，智慧則會變得廣大無礙，由於不是單一角度，而是做全方位的思考，這種智慧才堪稱圓滿。

譬如說在我手中的杯子，從我的角度看是這樣，從你的角度看又是另一個相狀。倘若對事物要有比較圓滿的了解，則不能只從單向去看，而需從各個角度去了解它。

5 《思益梵天所問經》卷3：「若有佛無佛，是法常住世，能通達此相，是名護持法。」（CBETA, T15, no. 586, p. 52, c25-27）

6 《妙法蓮華經玄義釋籤》卷27：「文殊昔為妙光菩薩，教化燈明八王子。是八王子相次授記，其最後者，名曰然燈。」（CBETA, L116, no. 1490, p. 579, b1-2）

7 當機眾：意指聞法者。佛欲說法時，必當觀聞法者宿世法緣，並說契合其根機之教法，使令得度獲益。

要開啟這樣的智慧眼，若無慈悲的加持，眾生沒有太大的動力。由於凡夫眾生皆有「我執」習氣，不自覺地限制自己，未從廣大的角度去了解事物，慈悲因此變得格外地重要。本經請觀世音菩薩來教授，自有其特殊的意涵。

智慧就是了解什麼是生命的實相

觀世音菩薩不只是說法主，也是修持般若法門的行者，因內修「二空」，方得名自在。學習佛法要破除煩惱障及所知障，必先了悟「二空」。所謂「二空」即是「我空」和「法空」；我空破除我執，法空則破除法執。

眾生煩惱的根本，就是認為有個「真實我」。實際上是否有「真實我」，非眾生所了知，只因虛妄分別，故執著有「真實我」。然後以我執為基礎，進而產生各種煩惱。

學習佛法，要在禪定中安靜地、專注地、清明地觀察五蘊身心當中，什麼是「我」？什麼是那個恆常不變、真實的我？一直讓我們隨著它起煩惱。所以修道者在禪定中，心裡並非什麼都不想或思惟，而是在做很細微的觀察，如此才能照見實相。

要了解生命的實相，首先要破除我執，進一步若要成就圓滿的智慧，猶須破除法執，成就法空的智慧。

「雖然『我』是空的，無真實體性，但『一切法』或一切的存在，應該有真實吧？」比如說一個還有法執的行者，當他面對生死與涅槃時，認為生死是一個法，涅槃是另一個法，這些法皆是真實存在。因此，有生死可以捨離；有涅槃可以證得。如果生死是一個框框，一般人對解脫的概念，只是從這個框框走出去，認為這樣就叫做涅槃。這就變成有對立的二分法：有生死、有涅槃；覺得有真實生死可捨、有真實涅槃可證，才需從生死的此岸超越出去，到達涅槃解脫的彼岸。

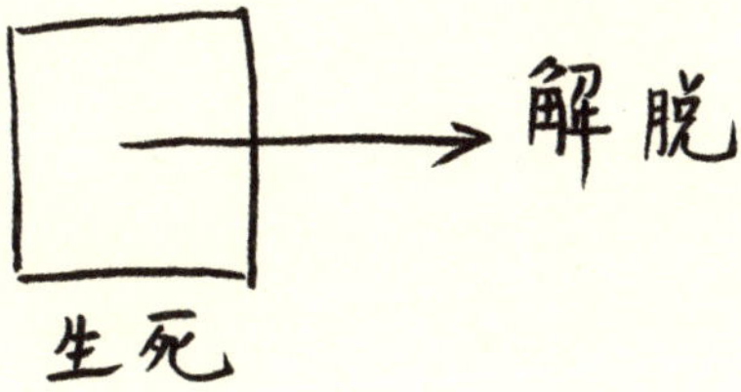
解脱
生死

但是佛說：「法不可得。」一切法皆空，意思就是說，一切的框框並沒有真實的存在，只是由無明的心虛妄分別出來的，非真實有。當實相是這樣的時候，生死與涅槃就統一了，生死的當下就是涅槃的境界，並非離開生死，還有一個涅槃可以證得。生死的實相，即是涅槃。

因眾生無法覺悟生死的實相，以為超出生死，另有個涅槃的實體可得，這便是我們一般人的解脫觀。但是佛法所說的解脫，並非如此。佛教常以蓮花[8]做譬喻，因蓮花有出於汙泥而不染的功德。蓮花雖與汙泥

生死 = 解脫

同在，身處低窪、潮濕、混濁、臭穢的泥水之中，當下猶能清香潔淨無所染污，即是所謂的解脫。不需將蓮花栽種到清淨的高原陸地，才能生長，清淨無染，這才是佛教的解脫觀。

8 《維摩詰所說經》卷2：「譬如高原陸地，不生蓮華，卑濕淤泥乃生此華。」（CBETA, T14, no. 475, p. 549, b6-7）

菩薩了解一切法緣生緣滅，沒有實性，都會改變，好的、壞的境界都會過去。菩薩以這樣的智慧觀察，才能不畏艱辛困苦，不被境界擾動觸惱，久住世間利益一切眾生。處於世間不斷地磨練，行一切善法而心不染。對法空的智慧愈是深入，菩薩的心就愈清淨，對於「一切法皆空」的道理，愈是體會深刻。

菩薩不只內證二空的道理，而且能外觀三業清淨之事，透過智慧及善法的熏習，菩薩慢慢地淨化自己身口意的顛倒及染汙，直到圓滿成佛。

所謂清淨，是指與真理實相相應，反之染汙則不與真理實相一致。在第四冊曾解釋過「功德」，「功」就是修善法，「德」則是行善後令心與真理實相相應。當心與真理愈來愈相應，甚至一致了、沒有違背了，這就是清淨心。

菩薩用功辦道，觀照二空：我空、法空，令身口意三業清淨，直至淨化到不需再用功加行，任運自在，故立名為「觀自在菩薩」。

「我要發心」、「我要用功辦道」、「我要精進」等等，即是一種用功加行。若沒有自我提醒、鼓勵、或沒有自我要求，有可能會忘失修道，這就是尚未任運自在。例如我要起慈悲心時，還會猶豫一下，「要不要對他慈悲？」任運自在是隨時隨地，連動念想「要不要對他慈悲」都不用，所有的言行舉止皆是慈悲的顯現。

再打個比方，如果我執與法執像一座山，我們要趣向成佛的目的地，就必須越過這座高山。最初要精勤地用力，但當修行到一定程度時，便不需再加以用力，自然能隨順正確的方向超越過去。

又如渡河，剛開始要用力划、要用力撐，才能讓船身可以往前移動。但快到岸時，則不需再出力，船身會自然地往岸邊靠過去。此時就叫做無功用行，任運自在。

所以觀自在菩薩不是初發心的菩薩，若是剛發心的菩薩，還需很使勁地修，要用功加行，勉勵自已隨時提起正念，不要被境界考倒。直到最後快成佛時，已經不需再用力，他的起心動念及言行舉止自然與法相應，並消除過往的煩惱習氣，達到清淨圓滿。

觀自在菩薩能以般若智慧，圓滿地觀照，空有不二，無所障礙。

有也自在，無也自在。

一般的人學佛，剛開始聽到空的時候，心中會感到害怕，因為普遍對空的理解是「沒有」，也就是「無」。而眼前所看到的境界，明明都是有的，怎麼突然間說它是什麼都空了？比如說「無我」，就以為是指「我」頓時消失了，可是我明明還在呀？

佛法所講的空，不是虛無。佛教剛傳到中國的時候，大眾對佛法的核心教義尚不能真確掌握，這是因為在中國的哲學裡，並未特別針對一切事物的本體進行較深地探究及闡釋，唯有對事物的現象及作用做出論述。比如說儒家著重在討論人與人的關係，這是一種作用；道家則側重在人與自然的關係，這也是屬於一種作用，甚至陰陽、太極，仍是停留在一種事物現象的描述。又如《易經》中說：「形而上者謂之道，形而下者謂之器」。老子是中國第一位提出形而上之「道」，也就是萬物本體的概念和理論的哲學家。對老子而言，所謂的「道」，是「形而上」的存在，也是「形而下」萬物現象的由來。因此，作為世間萬物的本源（或根本），「道」是無形、無限的，老子簡稱它為「無」；但又因它是實存的，萬物皆由道所生，所以稱之為「有」。至於所謂的「道」，也就是一切存在的本體，到底是怎樣的一種存在？究竟是否有實體？並沒有再進一步的解釋。而佛家所講述的空性道理，則是對存在的本體進行了深入的剖析探討。

任何一種事物的存在，都可以從體、相、用三個角度去了解它。甚至可以再將其簡化為體和相。如果我們對於事物本「體」不能了知，又在一開始便肯定它是實有的，後面就會接連生起顛倒的認知，進而導致各種錯誤的態度、價值觀、情緒及行為的產生。由於事物現「相」是可以被感知的，一旦我們看到，便立即認為它絕對有真實。但是我們應該審慎地想一想，即使是虛妄的境界或不具實體的事物，譬如夢中的境界，我們一樣可以感知得到，然而它是真實存在的嗎？甚至鏡中所顯現的像，我們同樣也看得到，但它有真實存在嗎？又好比空谷迴響，明明對面的山中無人，我們卻可以聽到聲音，難道這是真實的嗎？

因此，佛教講的空性，對一般人而言，是個巨大的挑戰。由於凡夫只要察覺到事物，便認定它是實有的。但是事物的本體究竟是一種怎樣的存在，應該打個問號。這些你深入探究過嗎？

佛教最初傳到中國，因為當時大眾尚未涉略空義的思惟，所以不知如何理解，於是就以道家的「無」來解釋佛教的「空」。這種解釋的方法，稱為「格義佛教」，也就是用其他的教法來解釋佛法，但這並非正確地理解佛法。

我們在理解佛法時，一不小心也可能落入這樣的謬解，以「無」來解釋「空」。「無」，是現象上的境界，如同「有」一樣，是能被你觀察到的。比如說一個人還沒出生時，這個人存在嗎？沒有，這就叫作「無」。之後，這個人出生了，他存在於世間了，這就叫作「有」。經過幾十年後，此人往生了，就又回歸到「無」。如《道德經》中說：「反者，道之動；弱者，道之用。天下萬物生於有，有生於無。」道的運行，能令萬物循環反覆；道的作用，則以順其自然的柔弱方式孕育萬物。一切萬物在道家的理論中，就是從無到有，然後又回歸於無的循環。而「有」和「無」是對立的，是「有」，就不是「無」；是「無」，就不是「有」，它們是二分對立的法。

但佛法所闡述的「空」，並非在此層次，而是指更深層的意義。如果「無」的現象是沒有實體的，且具恆常不變的特性，那麼「無」為什麼能轉變成「有」呢？此外，「有」的現象，如果也是一個真實不變的實體，「有」又怎麼會敗壞，然後變成「無」呢？

佛教經由這樣的觀察與探討，得到一個結論，「無」的當體就是「空性」的，沒有實體性，所以它可以變。當因緣和合，「無」就生起變化，轉變成「有」，「有」因此出生了。「有」本身也是空性的，沒有一個永恆的實體性，所以它可以再變，當因緣散離，就又歸於「無」。

所以從有到無，無到有，皆是空性的顯現。

隨手拿起一個杯子，這杯子是空性的嗎？佛說是空性的。若以「無」來解釋佛法所說的「空」，杯子是有的，怎麼會是「無」呢？明明看得到它，也可以用來盛水，怎麼會是無呢？雖然佛法說，杯子的當體是空性的，但以「無」來解釋「空」，則是錯解了佛法。

空不是沒有，也不是虛無。

佛法不談形而上的存在，那叫玄學，對生命沒有什麼實質的幫助。佛經有一則譬喻[9]，有一個人在森林裡遇到危險，被箭射中了，正在流血。這時最緊急的應該是趕緊治療傷勢，而不是去追問這支箭是怎麼來的？用什麼材料製作的？重要的是去解決當下的問題。受傷了，若不即時解決，可能就會流血致死。

所以佛教不討論世間現實以外的境界，那是一種形而上的議論，對於生命的煩惱及苦，或現前必須解決的問題，沒有任何實質的幫助。如上述所說，被箭射中了，最急迫的是趕快拔除箭，治療傷勢。但是一般人又喜歡討論這樣的議題，其實是在逃避眼前所需面對的問題。由於生命實在太苦了，讓心暫時遠離當下的苦，可能也是一種安慰吧！不知的境界，有點朦朧，看不大清楚，可以有各種想像的空間，所以討論它感覺比較可愛，已知的反而不可愛。雖然如此，若要解除我們生命的苦和煩惱，絕對要自己面對現實，

9 《中阿含經》卷60〈箭喻經〉(CBETA, T01, no. 26, p. 804, c24-p. 805, a16)

而不是去討論形而上的存在。

當其他宗教討論人從哪裡來的議題，一直往前推溯，推到底，結論是從神而來。但是，這問題為什麼就停在這裡，不再往下追問呢？我們也可以同樣試問：神從哪裡來？其實這樣的探究，並沒有真正解決我們眼前迫切的問題，只是在做一種形而上的論述而已。就算真的有一個神，也知道我是從神那裡來，若我正在煩惱，這些能幫我消除煩惱，令它不再生起嗎？若我與人產生了衝突，信我是從神那裡來的，這對我現在的困擾，有何助益？因此，這樣的探索是沒有意義的。

佛教中有「十四無記」，即十四種佛不回答的問題，因為無記的問題，不僅對煩惱和苦的消除無益，並且都帶著錯誤與不當的假設，任何的回應都會令人誤認那些預設是真實的。如有人問：「石女[10]或黃門[11]的孩子，長得高矮、美醜？」這樣的問題不應回答，因為石女及黃門都沒有生育能力，怎會有孩子呢？因此，佛保持緘默，不予回答，因為那些都是無意義的戲論。

10 石女：先天性陰道或子宮發育不良的女性，導致無法生育。

11 黃門：指男根損壞或無法作用的男子。

回來談「空」與「有」。有，它到底是怎樣的存在？比如說，善的果報怎麼生成的？相反地，惡的果報又是怎麼成就的？雖然一切法空，但這其中又有它的因緣果報。它的生起，有它生起的方法和存在軌則，並非說法是空的，就什麼都沒有。若認為什麼都沒有，那即是誤解佛法的「頑空」。

了解空性，才能破除我執煩惱，獲得解脫；了解緣起，才會有種種的善巧方便。在這世間，如果我們想要成就什麼，必須具備什麼因緣，這都需要細心地觀察。比如說我們想要成佛，僅是天天念佛、天天打坐，就會成佛嗎？

譬如一個人有很多煩惱，又未深植世間善根，他就認為：我只要念佛打坐，這樣就能開悟成佛。這可能嗎？不可能。因為善根福德因緣不具足，就不可能成佛。菩薩道需修六度萬行，以清淨的因緣及資糧，成就佛果，並非隨便修一兩個功德就能成佛，那是癡心妄想。

之前我們曾討論過，佛法的學習有它的道次第，善法基礎或慈悲心要先建立起來。有了善法基礎之後，因為了知一切皆因緣所生，心才能不執著所修的善法功德，並且能心存感恩，由於我們也曾得到許多眾生的支持與幫助，所以利他只是一種報恩，不應生起高慢心。

用這種態度去修行，就正確了。當我們的生命不斷地在提升、淨化、善美，我們的煩惱和苦就會愈來愈少。

觀自在菩薩能觀照空有不二，空即是有，有即是空。不是離開有，另外有個空，也不是離開空，猶存一個有。一切萬法皆是空有不二的存在。

「觀自在」的「觀」是重要的關鍵，要開啟清淨的智慧，必須靠觀照。我們的智慧是怎麼來的？你在生命中，許多的知見、了解及價值觀是怎麼建立的？一般人都不是透過自己生命的觀察，大部分都是從我們曾接觸的人事物，包括環境、文化傳統，或影響我們的師長及尊敬的人身上學來的。但是真理實相，不一定如我們所學到的那樣子。有權威的人，或是對我們有恩的人，他們所教導的不一定就是正確的。我們要靠自己的覺察力，去分辨什麼是真理實相，而不是靠別人教。如果只是一味地相信，你有可能是錯的，必須經由自己去印證。

所以佛教不只是單純依靠信仰，「我只要拜佛，信仰佛，將一切問題都交給佛。」佛不是這樣教導我們的。生命在面對許多問題和突破時，不是佛能夠替代的。世界上沒有一個人可以替代我們，比如說生老病死。「佛啊！請你代替我。」可以嗎？這件事別人替代不了。

當你內心產生種種的煩惱及痛苦，怎麼去除或超越它呢？這不是別人能替代的，只有自己的心才能突破，所以光靠信仰是不夠的。信仰，在某種層次上可以幫助我們，但遭遇重大生命課題考驗時，光有信仰是不夠的，還要有智慧。

龍樹菩薩在《大智度論》中說：「佛法大海，信為能入，智為能度。」[12]佛法的真理猶如大海一般深奧廣大。所謂「信為能入」，意指具有信心者方能深入，因此並非完全不必仰賴信心，我們仍需以信心做為修道的基礎。但唯有信心尚無法超越，還要「智為能度」，具足智慧才能達到圓滿。

所以佛教不是純粹的信仰而已，它更重視智慧的學習。因此，佛也不希望大家只是停留在「拜拜佛、祈求佛加持加持我」這種信仰而已。佛弟子不只是具足信心，更具有智慧，面對生命各種問題挑戰時，方可自我突破，超越困難。

「每一個人都能成佛！」這是佛最希望看到的，而不是都在仰賴佛的加持而已。

我們在前文曾提到六祖惠能大師的故事，當惠能大師到五祖弘忍那裡去參學時，他一進門就說，「我不求其他，唯求作佛！」這個發願太殊勝了！佛教需要多一點這樣發心的人。

12 《大智度論》卷1〈序品〉(CBETA, T25, no. 1509, p. 63, a1-2)

佛法的教義教導我們，當看到一個人發心成佛，這是非常值得隨喜讚歎的事。相反地，在其他的宗教，由於不是這樣理解生命的道理，若有人發心說：「我不求別的，唯求作神！」這種行為即被視為褻瀆不敬，而遭至唾棄批判。一般人怎能作神？神只有一個。

但是佛教不是這樣，佛並不喜見眾生永遠次於佛，而是喜見眾生能與佛一樣圓滿。

「每一個人都能成佛！」
這是佛最希望看到的。

前面所敘述的「觀」，是開啟智慧的關鍵，從觀察當中，心就會明了。如一位科學家，不管有什麼立論，都需要在實驗室裡進行觀察研究，而且過程中也不能有任何投射或個人主觀的思惟。只要靜靜地看著，覺察到什麼，就記錄什麼，最終經由所觀察的標本和數據顯示，真相是什麼。

在禪修中，我們也是如同在進行一場科學觀察，比如我現在要了解，五蘊當中有沒有真實的我，那就讓自己的身心五蘊來告訴我。我們只要看著就會懂，不可以先有「我認為」的自我投射。

所以「觀」不是有分別的思惟，而是無分別的覺知，如一面鏡子照物；不是主觀的認定，而是客觀的事實，超越個人投射。

然後，什麼是「自在」？就是無礙的意思。我們在面對所有的境界時，當下都有「觀」。例如遇到了一件事，我該怎麼辦？是這樣做、還是那樣做呢？此時的

「觀」若能如實，當下就能具足智慧。能做到如實觀，面對境界時就沒有障礙，便能做出正確的抉擇判斷。如此一來，即能獲得自在。

如果當下的觀察不如實，所做的抉擇必定與真理不相應。因此，佛教講的智慧，是指在面對境界的當下要覺察，若心能如實地了解，緊接著的抉擇，才會如實。如實的抉擇，即是智慧；如果面對當下，心不如實抉擇，這就是愚痴。這就是智慧跟愚痴的區別。

愚痴的人不一定笨，他只是看錯了。他的頭腦可能很精明，只是對生命的實相不能承擔接受，執著自我，所以選擇追求對自己有利的境界，寧可摒棄一切眾生，造作惡業。這樣的心不如實，是不與實相相應的念頭。愚痴的人，並非遲鈍笨拙，甚至對世間法也有相當的理解，懂得透過什麼樣的捷徑操作，獲得成果。因為是以顛倒執著的心出發，因此愚痴與笨是不一樣的。

大智若愚，有智慧的人看起來有些笨笨的感覺。為什麼？因為他不會計較，也不會有太多的放不下，他很隨和、很自在。然而站在世俗人的角度來看，這種人有點笨、不精明，常會吃虧。但這是價值觀的問題。

觀自在，就是面對境界的時候，能如實地觀察、思惟，並做出正確的決斷，自在無礙。反之，凡夫面對境界時，因觀察、思惟或決斷中遇到迷惑不知，所以才會猶豫徬徨，不得自在。

東晉僧肇法師曾在論著中說：「照不失虛，則涉有而無累；虛不失照，則觀空而不醉。」[13]意思是指心在觀照境界的時候，不應忘失空性的正見，才能如實地覺察，我們這樣深入世間，與種種境界互動，就不會萌生累贅罣礙，覺得好辛苦、好多障礙。「虛不失照」，則是指雖然一切皆空，然而心卻不失覺察力，能與世間相應，不離種種事相的觀察，如此「則觀空而不醉」，所以才能觀空而不醉，不落入那種很消極的執著——一切都是空的，一切都放下，因此該做的事也不做，變成消極。學佛學到最後若變得消極，那是誤解了佛法。

13 《般若心經要論》卷1（CBETA, X26, p. 813, b13-14）

倘若執著於空，就會消極地捨棄世間，以理廢事，這便是所謂的「頑空」或「斷滅空」，這不是佛法。例如有人每天打坐觀空，以為內心只要達到空靈的狀態，沒有念想，空空蕩蕩的，這便是清淨的解脫，是成佛的境界。那麼我有一句話奉勸這種人：「憨憨不會作佛祖」。

佛所謂的空，是面對境界時，如實了知境界是無自性的，毫無真實體可得。而不是靠自己在那邊想像，什麼是空？然後投射出一個空，讓心住在那裡，以為什麼都是空無的，甚至放棄了在世間種種善法的用功。這叫「頑空」或「斷滅空」，完全與世間脫節了。

我認為有許多學佛的人都有這個毛病，常常把「空」及「放下」掛在嘴邊，結果讓「空」或「放下」成為不努力或懈怠的代名詞。本來應該精進用功，卻因為「空」或「不執著」，反而成為不努力的藉口，這即是為何佛在《金剛經》中說：「發菩提心者，於法不說斷滅相。」[14]菩薩能觀照貪心的虛妄性，所以於布施中可得自在。

14 《金剛般若波羅蜜經》：「發阿耨多羅三藐三菩提心者，於法不說斷滅相。」（CBETA, T08, p. 752, a24-25）

我們要正確地了解空義，因為如實了解，才會更積極修持。由於一切皆因緣所生，善會透過因緣慢慢地累積而成就，惡也會因為因緣改變而消失，故說「虛不失照，則觀空而不醉」。

菩薩能觀照貪心的虛妄性，所以於布施中可得自在。

我們在修學佛法，比如說布施時，那個不捨的心，本來也是因緣生的。但是因為平常沒有培養「捨」心，只是不斷地在強化熏習「得」的心態，「我想要得到什麼」。這樣在面對捨的時候，心力便不足，捨不了。

「捨」這個功課很重要，如果我們平常不學習捨，怎麼能成就善法呢？如果我們不懂得捨，一旦面對生命的大關卡——死亡的時候，怎麼能走得自在呢？「我」捨不了啊！連身外之物的小捨，都捨不了；內在身心的大捨，怎可能捨得了呢？

所以「學習捨」是一門生命的大功課。捨不是沒有，捨才會有。捨得，捨得，有捨方有得。從佛法的因果觀念說，我們所施捨出去的，都會再回到自身來。

雖然一個人具有能力、很聰明、也很努力，遇到境界時，他有堅強的意志，且能努力地去解決問題，但奇怪的是，無論他做什麼事，就是會遇到阻礙，無法獲得很多助緣。為什麼？因為福報不夠。

如果沒有福報，你再有能力、再聰明、也夠努力，仍然事不從心。總會有一些違緣、障礙，讓你所做的事失敗。本來買了一支利多的股票，看好一定會漲，卻突然發生天災，整個股市崩盤，天都不順從你。這就是福報的問題。

所以平常學習「捨」的功課，就是在培植我們的福德因緣。甚至於面對死亡時，能夠走得自在，來世出生時，這些福德因緣也會慢慢地成熟，讓我們的生活，少煩少惱，多些順緣、少些逆緣。

貴人在哪裡？貴人就在結緣中，不懂得結緣的人，沒有貴人。

學習捨，就是在培植福德因緣。

觀照貪心的虛妄性，意思是指貪沒有實體性，只是內心因緣所生的一個影像，不應執著。行者應該要試著去超越它，去磨練這個心，把貪心慢慢磨掉。雖然大的布施可能做不到，但小的布施總可以吧！譬如一個簡單的微笑，有些人連這樣一點點的布施都不願意。

微笑，是對人的一種尊敬。英文說"recognize one's existence"，就是肯定他的存在，並對他存有恭敬心，而不是否定他，彷彿他是透明人一樣，不屑一顧，不是這種心態。

與人歡喜，也是一種布施。布施有很多方法，不只是財布施而已。除了財布施，還有法布施和無畏布施。無畏施就是令人遠離恐怖，乃至不讓眾生害怕我。不是我一進到這個空間，全部人都跑光了，避之唯恐不及。不讓人畏懼，也是一種布施。

如實的抉擇，即是智慧。

菩薩觀照罪惡的空寂性，所以能在持戒中得自在。

所謂罪惡的空寂性，是指罪惡本身是空的，是因緣所生，沒有實質體性。有些人可能會這樣想，「我罪惡深重」，然後因此就給了自己一個墮落的階梯，不須再加倍努力改善。明朝憨山大師曾說：「業不重不生娑婆。」[15]試問世間哪一個人不是罪業深重呢？若不是有煩惱業，就不會在這個世間輪迴了。持戒是止惡修善，能培植眾生的善根福德因緣。由於罪業本是因緣所生，無有自性，只要我們懺悔認錯，發心努力，一定能獲得改善，你要有這種信心。由於「觀照罪惡的空寂性」，在持戒這件事才能使得上力。

在修道過程中，我們可能會跌倒，做得不是很圓滿，但不要氣餒，因為罪業本空，只要不斷地精進，總有一天會超越，如此才能達到持戒自在。

15 《憨山老人夢遊集》卷7：「業不重不生娑婆，愛不斷不生淨土。」(CBETA, X73, no. 1456, p. 505)

乃至觀照愚痴也是空的，所以能在智慧中得自在。

因不明世間的實相，眾生顛倒地認為一切皆是實有，所以處處產生執著與對立，進而生起種種煩惱及業力，虛受世間不斷輪迴的苦。雖然如此，但因愚痴的實相，也是空性的，是故透過觀照實相的智慧的修持，無明煩惱是可斷除的，解脫輪迴是可能的。

不管面對有或是無，面對樂或苦，心如實地觀照，才能隨緣自在。有也自在，無也自在。無論處於貧窮或富有，都能自在，內心不會因為環境的變化，就產生種種的苦惱。

如是隨緣觀照，無所染著，遠離愚痴，即名觀自在。

觀自在菩薩是《心經》的說法主，也是能行甚深般若的行者。他本身內證二空（我空、法空）的真理，外觀身、口、意三業清淨，這樣的功德已經達到不需再用功加行，就能讓無分別智，也就是我空、法空的智慧，任運而轉。

前面提過，如撐船過河，最初需努力地撐篙，船才會向前移動，但快到對岸時，就不需再用力撐了，船身便能自然而然往河邊靠去。同樣的道理，初發心的菩薩從此岸到彼岸，也需要用功加行，直至八地以上，才能讓無分別的空性智慧任運而轉。

《大毘盧遮那成佛神變加持經》中說：「八地自在菩薩三昧道，不得一切諸法，離於有生，知一切幻化，是故世稱觀自在者。」[16] 所謂觀自在菩薩，意指八地以上的菩薩。因菩薩的心能如實地觀照，不得一切存在有真實體性，故能超越生死。「有生」則是指輪迴生死，因菩薩已了知一切法如幻如化，不受生死輪迴，所以世間稱之為「觀自在」。

《瑜伽論記》也提到，「八地已上，名自在菩薩」。[17]意思是說證得八地以上的菩薩，就通稱為觀自在菩薩，因為此菩薩已能超越生死，並利益眾生，自在無礙。故知觀自在菩薩，除了特指觀世音菩薩之外，另一層涵義，即指證得八地以上的菩薩。

16 《大毘盧遮那成佛神變加持經》卷 2（CBETA, T18, no. 848, p. 9, c6-8）

17 《瑜伽論記》卷17（CBETA, T42, no. 1828, p. 683, b11）

成就大自在的菩薩具有五種功德：

第一、心得寂靜。由於菩薩證得實相，知一切法如幻如化，故能超越面對境界時所生煩惱的擾動，內心安祥寂靜、自在無礙。

第二、菩薩了知世間事及出世間事，具足一切的智慧。也就是說，菩薩對於世間所有的緣起現象，皆能如實了知，並平等地觀察其因緣果報。如是因、如是果；善有樂報、惡有苦報。

世間一切的事物都有其因緣果報，沒有任何存在是自然而然的，皆是假藉各種因緣而成立。所以處於世間，應該如何才能出生善處，並在生活中順心如意乃至福德圓滿？眾生為何會墮惡道？內心生起了什麼煩惱，造作了什麼業，才淪落到那裡？菩薩皆能如實地了知其中種種的因緣。

不只對於世間，菩薩能甚深平等地觀照所有現象；對於出世間，什麼是解脫，並如何達到解脫，菩薩同樣也都能甚深如實地了知。所以菩薩具足一切智慧，能知世間種種善惡因緣果報，亦知出世間解脫之道及清淨解脫。

第三、「為眾生故，處在生死，心不愁惱。」菩薩的本願就是要利益眾生，令眾生離苦得樂。我們學習佛法的動機，是否跟菩薩一樣？這是一種對生命的深入體認所建立起來的發心。從修學世間善法開始，透過建立慈悲心，柔軟心、歡喜心、與眾生結善緣的心，我們才能夠得到快樂。由於善的因緣，才能讓環境和平、自在、快樂。

由於世間是無常的，一個人有再大的福報，出生善處享受福樂，終究是會過去的。雖然我們利益了眾生，也帶給他們快樂；或者是我們幫助了自己，也令自己一生享受快樂，但這些都是暫時的，不究竟的。佛經中說：「無常故苦」，也就是說無常即是苦。「無常」在教導我們，世間有許多因緣是我們無法把握，做不了主的，不得自在的。例如一旦無常來臨，所有都得捨離。所以說世間不究竟，無常是苦。

雖然菩薩想要離苦得樂，也希望幫助眾生離苦得樂，但因了解世間無常、不究竟，於是菩薩發心希求出離世間。但此出離心，並非為了個人，而是希望幫助眾生脫離輪迴苦，所以才會進一步地生起所謂的菩提心，「上求佛道，下化眾生」。

當菩薩已能自度免除輪迴，此時菩薩不願自己解脫去，會回過頭來久住世間度脫眾生，這就是前面所謂的「為眾生故，處在生死，心不愁惱」。菩薩為了救度眾生，不願疾入涅槃，反而抉擇久住世間，於六道[18]中教化利益眾生。

由於菩薩不只具足自度的智慧，並擁有善巧方便，故能令心不愁惱。倘若菩薩不具資糧，尚未能自度，卻想度脫眾生，可能會招來種種苦惱，因此而退道。在還沒有辦法自度或斷煩惱之前，我們與眾生結善緣，其實還不具真實的力量能令眾生解脫。所以要讓心不惱，尚須用功。

18 六道：又名六趣、六凡、六途或輪迴六道等，即眾生各依其業力而趣往的世界，或凡夫眾生輪迴之道途。

於菩薩道中，自度即是度人，就如同一棵樹努力地長大茁壯，當它長成大樹時，有樹蔭、有果實，在豔陽下行走的路人，可以靠過來乘涼，或是幫助遠行的旅人止渴。由於菩薩志在利益眾生，是故菩薩的自利，即是利他；唯能自斷煩惱，才能幫助眾生。由此可知，自利利他這兩件事無二無別，是沒有差別的。於佛法中，但看發心，法無高下，沒有所謂的殊勝與不殊勝的佛法，一切都是真理，差別只在我們的發心與動機，怎麼去運用，怎麼去學習。

第四、了知如來甚深秘藏。菩薩修行甚深般若智慧，達到大自在時，能如實了知諸佛法身的甚深法義。如此微妙的秘藏，並非一般凡夫眾生及二乘行者，所能窺探了知。

第五、「菩提之心，無能壞者。」菩薩不只是能相應諸佛甚深的法藏，所生起的清淨菩提心，也沒有任何境界能障礙，令其退墮。因此所謂「金剛般若」，即是指菩薩的心，猶如金剛一般無堅不摧，非外道、天魔所能障礙。

菩薩走入大眾時，無有恐怖。以其福德威力，能攝受眾生；以智慧方便力，能引導教化眾生，所以菩薩的內心沒有畏懼，沒有任何境界能夠障礙，因此說「菩提之心，無能壞者。」

以上是菩薩所成就的五種功德。

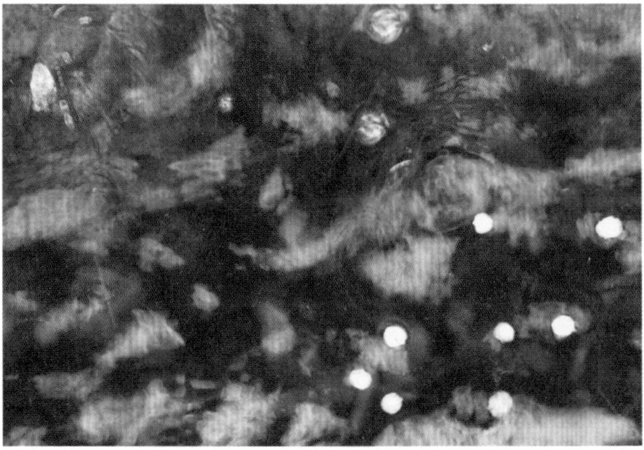

學習佛法者，在修學種種善法時，能不時地觀照空性實相，以達到心無所得、無所染著，才能無礙地顯現我們的清淨佛性。

諸佛的甚深秘藏，就是我們清淨的佛性，有情、無情所共同具備的法性。所以學習佛法，重點不在「得」，並非由於我們缺少什麼，然後去尋求獲得。不是這樣的！學習佛法關鍵在「捨」，要學習捨，捨掉我們的貪瞋痴，捨掉無明習氣。當我們能捨，本來具足的功德、清淨的佛性，就會自然地顯露。

因此，我們的當務之急是學習如何捨，而不是學習如何得。如老子《道德經》中說：「為學日益，為道日損。」倘若我們是在做學問，當然每天學習一點，學問就會愈來愈廣博；反之，如果我們是在修道，應該每天都在減損一點貪瞋痴、耗損一點無明習氣，這樣道才能愈來愈清明。

所以修道者應該有這樣的認識：清淨的佛心如同

鏡子能照明境相，又如山谷能回應音響。鏡子雖然沒有照物之心，山谷也沒有應聲之意，但是鏡子不失照物的作用，山谷也不廢迴響的功能。意思是說，我們的身心裡面沒有一個真實的覺知者，就好像鏡子沒有照物之心，雖然我們的心有覺知，也能夠回應，但這中間沒有覺知者的實體可得。雖然沒有真實體可得，但又不失覺知的作用，也不失反應的功能，這一件事情真是妙哉啊！妙哉啊！值得我們生生世世用功地去探索。

人的一生很快地就過去了，我們到底對生命了解多少？是不是渾渾噩噩地過了一生，沒有任何領悟、沒有任何提升？如果是這樣子，我們會再來這個世間，再一次地學習，直到我們真正了悟生命的實相，獲得解脫。

一切法皆為因緣和合，中間沒有任何實體可得。因此，即使有照物及迴響的作用，但這些對於鏡子的明淨及山谷的幽深，卻都沒有障礙。也就是說無論我們的起心動念是善的、不善的，是清淨的、還是有染污的，對於佛性本身是沒有任何障礙的。就好像前面所說的，照物跟迴響的作用，對於鏡子的明淨與山谷的幽深，都沒有絲毫的障礙。

菩薩以般若的智慧，能圓滿地觀照空有不二，無所障礙。菩薩能觀照世間一切存在現象，與之互動，方便利益眾生，同時又觀照空性的實相，了知一切存在皆無自性，所以空有這兩件事情是平等、無有差別的。菩薩修學一切善法，其目的只是在鍛鍊無所得的心。

我們應如何深入生命的真理？又應如何去利益眾生？就是透過「行一切善法，而心無所得」。菩薩在行一切善法的當下，即能方便利益眾生；在觀照無所得時，即是覺察一切法沒有真實體性的實相，是因緣和合、幻生幻滅的，由此過程，逐漸地損減自身的貪瞋痴及無明習氣。這便是菩薩殊勝的清淨功德。

菩薩修學一切善法，
只為鍛鍊無所得的心。

菩薩寺

位於台灣台中，於2005年成立，住持為慧光和上。菩薩寺以簡潔的現代建築形式回應佛法本質，粗獷的清水模量體與滿牆綠意，是菩薩寺予人的第一印象。曾獲台中市都市空間設計大賞。

慧光法師倡導以當代佛教藝術弘法，寺內隨處可見各式工藝——木作、石刻、銅雕、陶藝、織繡以及書畫創作等等，詮釋佛教精神如何落實於生活中。以菩薩寺為名，希望傳遞「豐富自己，分享自己」的菩薩精神。菩薩寺不僅是道場，也是生命教育空間。水牆上的小佛提醒著每一個人，佛就是我們的心，心就是我們的道場。

菩薩寺是一個國際僧團。其中美國菩薩寺以監獄弘法為要，尼泊爾菩薩寺則致力於僧伽教育及慈善救濟的社會關懷，另於加拿大及香港地區均正式成立佛教組織，推廣大乘菩薩道的行持。

菩薩寺 web　菩薩寺 FB　維摩舍 shop　維摩舍 FB　般若心經開示

《朝一座生命的山》

慧光法師、葉本殊 口述／李惠貞 編寫

佛是真理的發現者，不是創造者。佛並不以戒律威嚇，或要任何人來信仰他，而是每個人必須用自己的生命去印證，找出自己的答案。本書談的是菩薩寺，同時也是探索生命自在、快樂的真理。

光師父說心經

煩惱的根本就是我

作者　慧光法師
編輯　李惠貞
校對　葉惠貞、吳偉民
攝影　菩薩寺
封面書畫　邱秉恆
內頁設計　霧室
發行人　葉惠貞
出版　維摩舍文教事業有限公司
地址　台中市大里區永隆路一五三號
電話　04-24079960
傳真　04-24072469
電郵　ibsvima01@gmail.com
印製　富友文化事業有限公司
初版一刷　二〇二五年一月
定價　二八〇元

國家圖書館出版品預行編目(CIP)資料

光師父說心經：了解苦的實相／慧光法師作．
——初版．——臺中市：維摩舍文教事業有限公司，
2025.01　面；公分
ISBN 978-626-97693-2-2(平裝)

1.CST: 般若部

221.45　　　113016552